maktab - школа	2
sayohat - падарожжа	5
transport - транспарт	8
shahar - горад	10
manzara - краявід	14
restoran - рэстаран	17
supermarket - супермаркет	20
ichimliklar - напоі	22
taom - ежа	23
chorvachilik xo'jaligi - сядзіба	27
uy - дом	31
mehmonxona - жылы пакой	33
oshxona - кухня	35
vannaxona - ванная	38
bolalar xonasi - дзіцячы пакой	42
kiyim - адзенне	44
idora - офіс	49
iqtisod - эканоміка	51
kasblar - прафесіі	53
asboblar - інструменты	56
musiqa asboblari - музычныя інструменты	57
hayvonot bog'i - заапарк	59
sport o'yinlari - спорт	62
mashg'ulot - дзейнасць	63
oila - сям'я	67
tana - цела	68
shifoxona - шпіталь	72
tez yordam - экстраная дапамога	76
yer - Зямля	77
soat - гадзіннік	79
xafta - тыдзень	80
yil - год	81
shakllar - формы	83
ranglar - колеры	84
qarama-qarshi ma'noli so'zlar - супрацьлегласці	85
raqamlar - лічбы	88
tillar - мовы	90
kim / nima / qanday - хто / што / як	91
qayerda - дзе	92

Impressum
Verlag: BABADADA GmbH, Nedderfeld 112 , 22529 Hamburg
Geschäftsführer / Verlagsleitung: Harald Hof
Druck: Books on Demand GmbH, In de Tarpen 42, 22848 Norderstedt

Imprint
Publisher: BABADADA GmbH, Nedderfeld 112 , 22529 Hamburg, Germany
Managing Director / Publishing direction: Harald Hof
Print: Books on Demand GmbH, In de Tarpen 42, 22848 Norderstedt, Germany

maktab
школа

bo'lmoq — дзяліць
doska — дошка
sinf — класны пакой
maktab hovlisi — школьны двор
o'qituvchi — настаўнік
qog'oz — папера
ruchka — ручка
ish stoli — пісьмовы стол
yozmoq — пісаць
lineyka — лінейка
kitob — кніга
o'quvchi — вучань

osma sumka
ранец

qalamdon
пенал

qalam
просты аловак

qalam uchlagich
тачылка для алоўкаў

o'chirgich
гумка

rasm albomi
альбом для малявання

chizmachilik
малюнак

bo'yoq cho'tka
пэндзлік

bo'yoqdon
фарбы

qaychi
нажніцы

yelim
клей

mashg'ulot daftari
сшытак

uy ishi
хатняе заданне

raqam
лік

qo'shmoq
дадаваць

ayirmoq
адымаць

ko'paytirmoq
множыць

sanamoq
лічыць

xat
літара

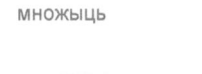
alifbo
алфавіт

so'z boyligi
слова

maktab - школа

matn
тэкст

o'qimoq
чытаць

bo'r
крэйда

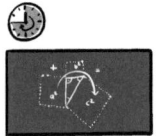
dars
ўрок

jurnal
класны журнал

imtihon
экзамен

guvohnoma
атэстат

maktab formasi
школьная форма

ta'lim
адукацыя

qomus
энцыклапедыя

oliygoh
універсітэт

mikroskop
мікраскоп

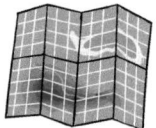
xarita
карта

urna
смеццевы кошык

maktab - школа

sayohat
падарожжа

mehmonxona
гатэль

sayyohlar yotoqxonasi
хостэл

pul ayirboshlash shahobchasi
абменны пункт

chemodan
чамадан

mashina
аўтамабіль

til
мова

ha / yo'q
так / не

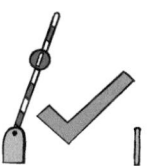

Xo'p
добра

salom
прывітанне!

tarjimon
перакладчык

Raxmat
дзякуй

sayohat - падарожжа

necha pul...?
Колькі каштуе....?

Tushunmadim
я не разумею

muammo
праблема

Xayrli kech!
Добры вечар!

Xayrli tong!
Добрай раніцы!

Xayrli tun!
Дабранач!

ko'rishguncha
да пабачэння

yo'nalish
кірунак

yo'lovchi yuki
багаж

safarxalta
сумка

yuk xalta
заплечнік

mehmon
госць

xona
пакой

uyquqop
спальны мяшок

palatka
палатка

sayohat - падарожжа

sayohlarga ma'lumot berish stoli
інфармацыя для турыстаў

plyaj
пляж

omonat karta
крэдытная картка

nonushta
снеданне

nonushta
абед

kechki ovqat
вячэра

chipta
праязны білет

lift
ліфт

marka
паштовая марка

chegara
мяжа

bojxona
мытня

elchixona
пасольства

viza
віза

pasport
пашпарт

sayohat - падарожжа

transport
транспарт

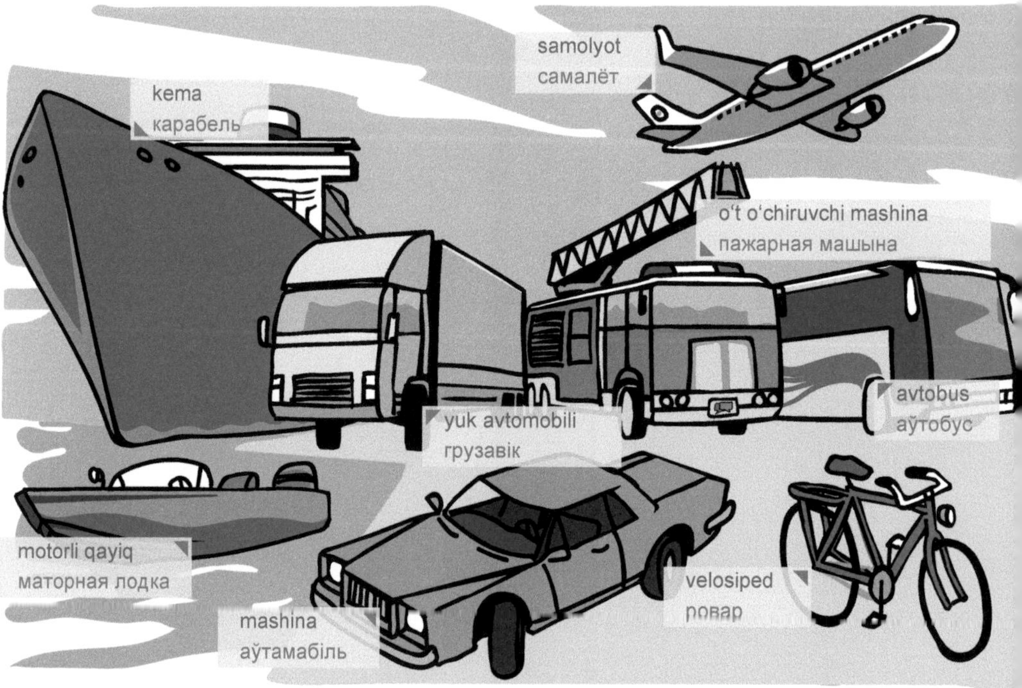

samolyot
самалёт

kema
карабель

o't o'chiruvchi mashina
пажарная машына

avtobus
аўтобус

yuk avtomobili
грузавік

motorli qayiq
маторная лодка

velosiped
ровар

mashina
аўтамабіль

solsimon yassi kema

паром

qayiq

лодка

mototsikl

матацыкл

posbon mashinasi

паліцэйская машына

poyga mashinasi

гоначны аўтамабіль

kiraga olingan avtoulov

арэндаваны аўтамабіль

avtoijara

сумеснае карыстанне аўтамабілем

shatakka oluvchi yuk avtomobili

эвакуатар

axlat mashinasi

смеццявоз

motor

матор

yoqilg'i

паліва

yoqilg'i quyish shahobchasi

запраўка

yo'l belgisi

дарожны знак

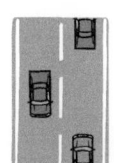

yo'l harakati

дарожны рух

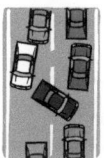

tirband

затор

avtomobil to'xtab turish joyi

паркоўка

poyezd bekati

чыгуначная станцыя

rels

рэйкі

poyezd

цягнік

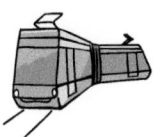

tramvay

трамвай

vagon

вагон

vertolyot

верталёт

aeroport

аэрапорт

minora

вежа

yo'lovchi

пасажыр

konteyner

кантэйнер

qog'oz quti

кардонная скрыня

aravacha

тачка

savat

карзіна

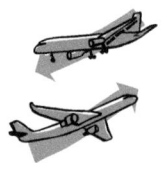

uchmoq / qo'nmoq

ўзлятаць / прызямляцца

shahar
горад

qishloq

вёска

shahar markazi

цэнтр горада

uy

дом

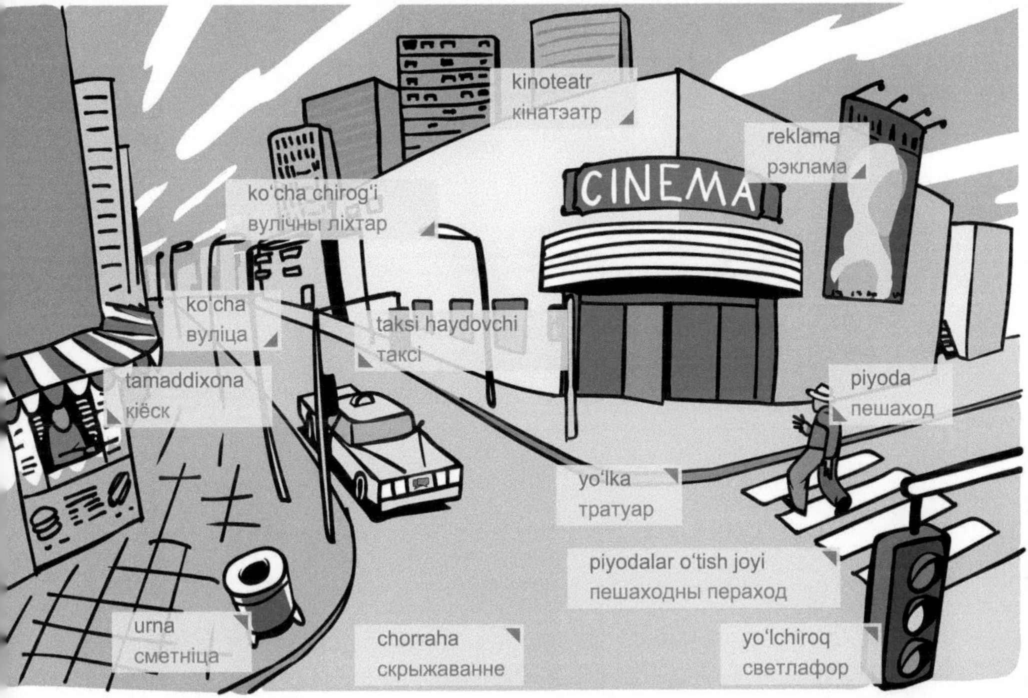

kinoteatr
кінатэатр

reklama
рэклама

ko'cha chirog'i
вулічны ліхтар

ko'cha
вуліца

taksi haydovchi
таксі

piyoda
пешаход

tamaddixona
кіёск

yo'lka
тратуар

piyodalar o'tish joyi
пешаходны пераход

urna
сметніца

chorraha
скрыжаванне

yo'lchiroq
святлафор

kulba
халупа

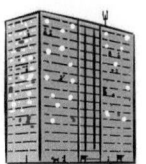

kvartira
кватэра

poyezd bekati
чыгуначная станцыя

mahalliy hokimiyat binosi
ратуша

muzey
музей

maktab
школа

shahar - горад

oliygoh
універсітэт

bank
банк

shifoxona
шпіталь

mehmonxona
гатэль

dorixona
аптэка

idora
офіс

kitob do'koni
кнігарня

do'kon
крама

gul do'koni
кветкавая крама

supermarket
супермаркет

bozor
кірмаш

univermag
універмаг

baliq do'koni
рыбная крама

savdo markazi
гандлевы цэнтр

bandargoh
порт

istirohat bogʻi

парк

bank

лава

koʻprik

мост

zinapoya

лесвіца

metro

метро

yer osti yoʻli

тунэль

avtobus bekati

прыпынак

bar

бар

restoran

рэстаран

pochta qutisi

паштовая скрыня

koʻcha yozuv osma taxtasi

вулічны паказальнік

toʻxtab turish vaqtini hisoblagach

паркамат

hayvonot bogʻi

заапарк

basseyn

басейн

masjid

мячэць

shahar - горад

chorvachilik xo'jaligi
сядзіба

atrof-muhit ifloslanishi
забруджванне навакольнага асяроддзя

qabriston
могілкі

ibodatxona
царква

bolalar o'yingohi
пляцоўка для гульні

ehrom
храм

manzara
краявід

yaproq — ліст
yo'lko'rsatgich — паказальнік
yo'l — дарога
o'tloq — луг
tosh — камень
daraxt — дрэва
sayyoh — падарожнік
daryo — рака
maysa — трава
gul — кветка

vodiy
даліна

qir
гара

koʻl
возера

oʻrmon
лес

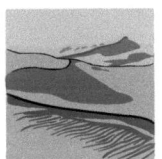
choʻl
пустыня

vulkan
вулкан

qalʼa
замак

kamalak
вясёлка

qoʻziqorin
грыб

palma daraxti
пальма

pashsha
камар

chivin
муха

chumoli
мурашка

asalari
пчала

oʻrgimchak
павук

manzara - краявід

qo'ng'iz
жук

qurbaqa
жаба

olmaxon
вавёрка

tipratikon
вожык

quyon
заяц

ukki
сава

qush
птушка

oqqush
лебедзь

erkak cho'chqa
дзік

bug'u
алень

butoq shohli kiyik
лось

to'g'on
плаціна

shamol generatori
вятрак

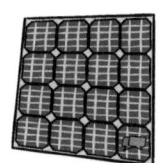
quyosh batareyasi
сонечная батарэя

iqlim
клімат

manzara - краявід

restoran
рэстаран

- ofitsiant / афіцыянт
- taomnoma / меню
- stul / крэсла
- sho'rva / суп
- pitstsa / піца
- oshxona anjomlari / сталовыя прыборы
- dasturxon / абрус

gazak
закуска

asosiy taom
другая страва

desert
дэсерт

ichimliklar
напоі

taom
ежа

butilka
бутэлька

tez pishar taom

хуткае харчаванне (фаст-фуд)

ko'cha taomi

стрыт-фуд

choynak

імбрык (чайнік)

shakardon

цукарніца

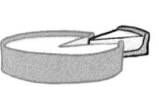

portsiya

порцыя

espresso kofe mashinasi

эспрэса-машына

bolalar kursichasi

дзіцячае крэселка

hisob

рахунак

lagan

паднос

pichoq

нож

sanchqi

відэлец

qoshiq

лыжка

choy qoshiq

чайная лыжка

qo'l sochiq

сурвэтка

stakan

шклянка

18 restoran - рэстаран

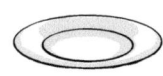

likop — талерка

sho'rva kosa — супавая талерка

taqsimcha — сподак

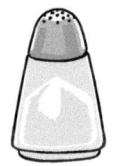

qayla — соус

tuzdon — сальніца

qalampir yanchgich — млынок для перцу

sirka — воцат

yog' — алей

ziravorlar — спецыі

ketchup — кетчуп

xantal — гарчыца

mayonez — маянэз

supermarket

супермаркет

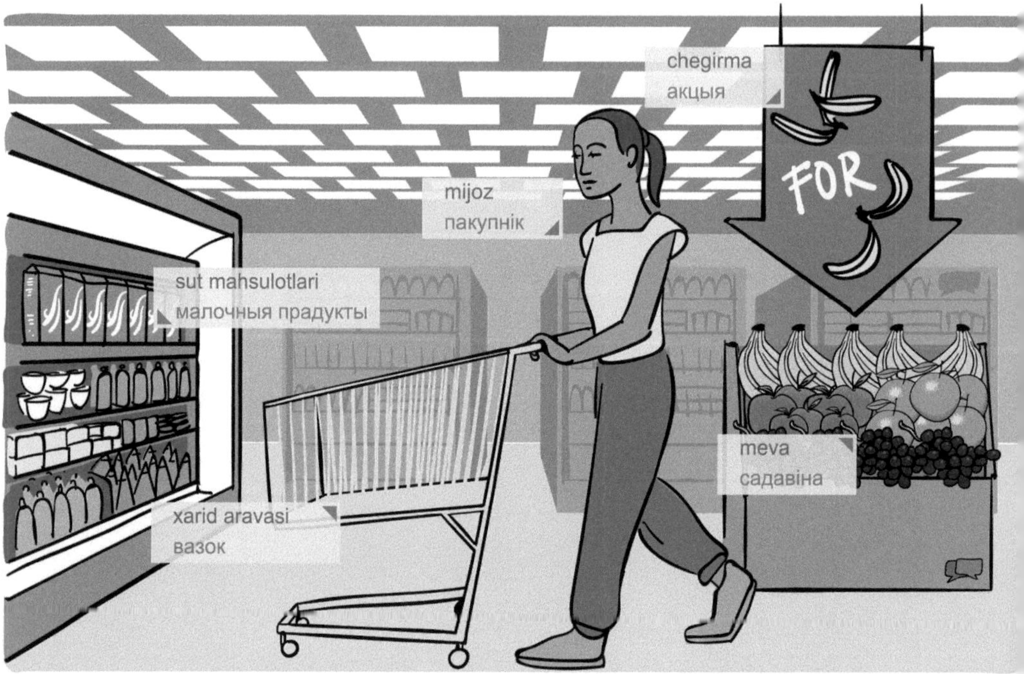

chegirma
акцыя
FOR
mijoz
пакупнік
sut mahsulotlari
малочныя прадукты
meva
садавіна
xarid aravasi
вазок

BUTCHERS

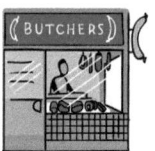

qassobxona

мясная крама

BAKERY

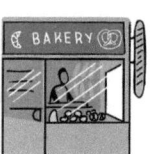

nonvoyxona

хлебны магазін

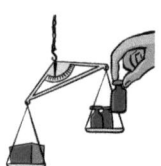

tarozida oʻlchamoq

важыць

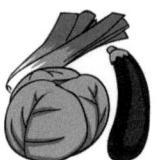

sabzavot

гародніна

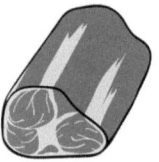

goʻsht

мяса

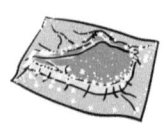

muzlatilgan taomlar

свежазамарожаныя прадукты

yaxna go'sht

нарэзка

konserva

кансервы

kir yuvish vositasi

пральны парашок

shirinliklar

прысмакі

kundalik iste'mol taomlari

хатнія прылады

yuvish vositalari

чысцячы сродак

sotuvchi

прадавец

kassa

каса

kassachi

касір

xarid ro'yxati

спіс пакупак

ish vaqti

гадзіны працы

hamyon

бумажнік

omonat karta

крэдытная картка

xalta

сумка

tsellofan xalta

пакет

ichimliklar
напоі

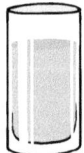

suv
вада

sharbat
сок

sut
малако

koka-kola
кола

vino
віно

pivo
піва

spirtli ichimlik
алкаголь

kakao
какава

choy
гарбата (чай)

kofe
кава

espresso
эспрэса

kapuchino
капучына

taom
ежа

banan
банан

olmaxon
яблык

apelsin
апельсін

qovun
дыня

limon
лімон

sabzi
морква

sarimsoq
часнок

bambuk
бамбук

piyoz
цыбуля

qo'ziqorin
грыб

yong'oq
арэхі

lag'mon
локшына

taom - ежа   23

spagetti
спагеці

guruch
рыс

salat
салата

kartoshka-fri
бульба фры

qovurilgan kartoshka
смажаная бульба

pitstsa
піца

gamburger
гамбургер

sendvich
бутэрброд

to'qmoqlangan to'sh go'shti
шніцаль

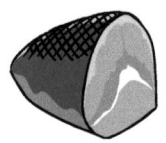

dudlangan cho'chqa go'shti
вяндліна

salyami kolbasasi
салямі

sosiska
каўбаса

tovuq go'shti
курыца

qovurilgan
смажаніна

baliq
рыбак

taom - ежа

suli boʻtqasi

аўсяныя камякі

myusli

мюслі

makkajoʻxori yormasi

кукурузныя шматкі

un

мука

frantsuz bulochkasi

круасан

bulochka

булачка

non

хлеб

qizartirilgan non burdasi

тост

pishiriq

пячэнне

sariyogʻ

масла

tvorog

тварог

pirog

пірог

tuxum

яйка

qovurilgan tuxum

яечня

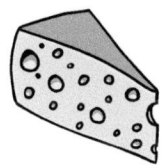

pishloq

сыр

taom - ежа

muzqaymoq   shakar   asal

марожанае   цукар   мёд

murabbo   shokolad pastasi   zarchava

варэнне   нуга   кары

taom - ежа

chorvachilik xoʻjaligi
сядзіба

dehqon uyi / хата
pichanxona / хлеў
poxol tuguni / цюк саломы
dala / поле
ot / конь
tirkama / прычэп
qulun / жарабя
traktor / трактар
eshak / асёл
qoʻy / авечка
qoʻzi / ягня

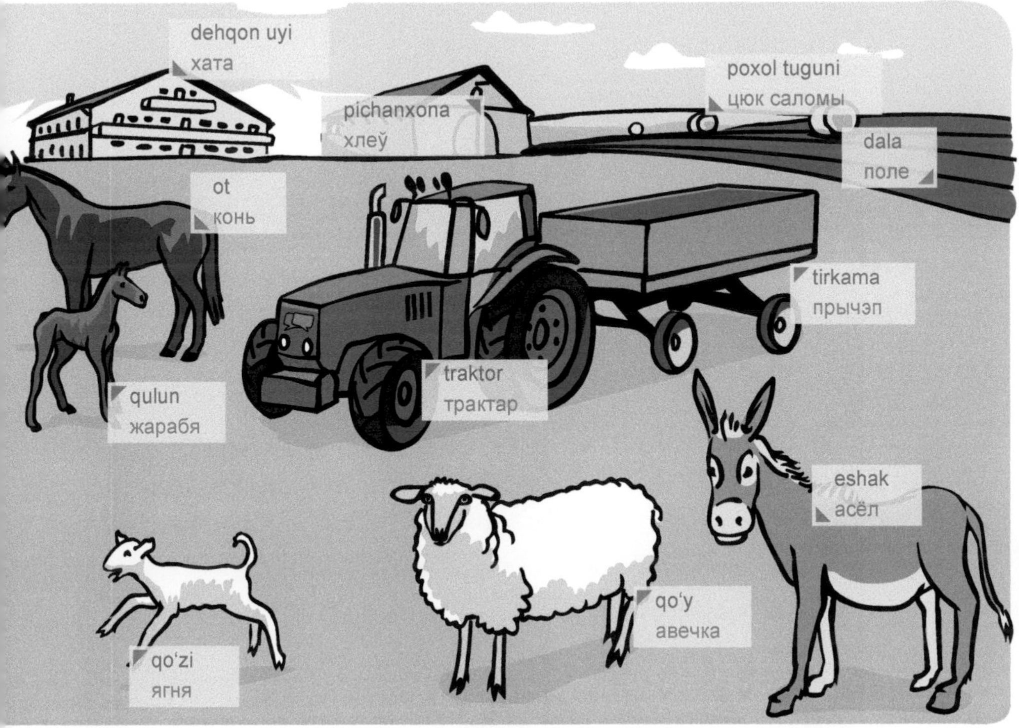

echki
каза

sigir
карова

buzoq
цяля

choʻchqa
свіння

choʻchqa bolasi
парася

buqa
бык

g'oz
гусак

o'rdak
качка

jo'ja
кураня

tovuq
курыца

xo'roz
певень

kalamush
пацук

mushuk
кот

sichqon
мыш

ho'kiz
вол

it
сабака

katalak
сабачая будка

hovli bog' shlangi
садовы шланг

gulchelak
палівачка

belo'roq
каса

temir omoch
плуг

chorvachilik xo'jaligi - сядзіба

qo'loroq
серп

chopqi
матыка

panshaxa
вілы для гною

bolta
сякера

g'altakarava
тачка

oxur
карыта

sut bidoni
бітон для малака

to'rva
мех

panjara
плот

og'ilxona
хлеў

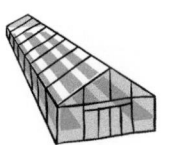
issiqxona
цяпліца

tuproq
глеба

urug'
насенне

o'g'it
угнаенне

kombayn
камбайн

chorvachilik xo'jaligi - сядзіба

hosil olmoq

збіраць ураджай

yig'im-terim

ураджай

yams

ямс

bug'doy

пшаніца

soya

соя

kartoshka

бульба

makkajo'xori

кукуруза

raps urug'i

рапс

mevali daraxt

садовае дрэва

maniok

маніёк

yorma

збожжа

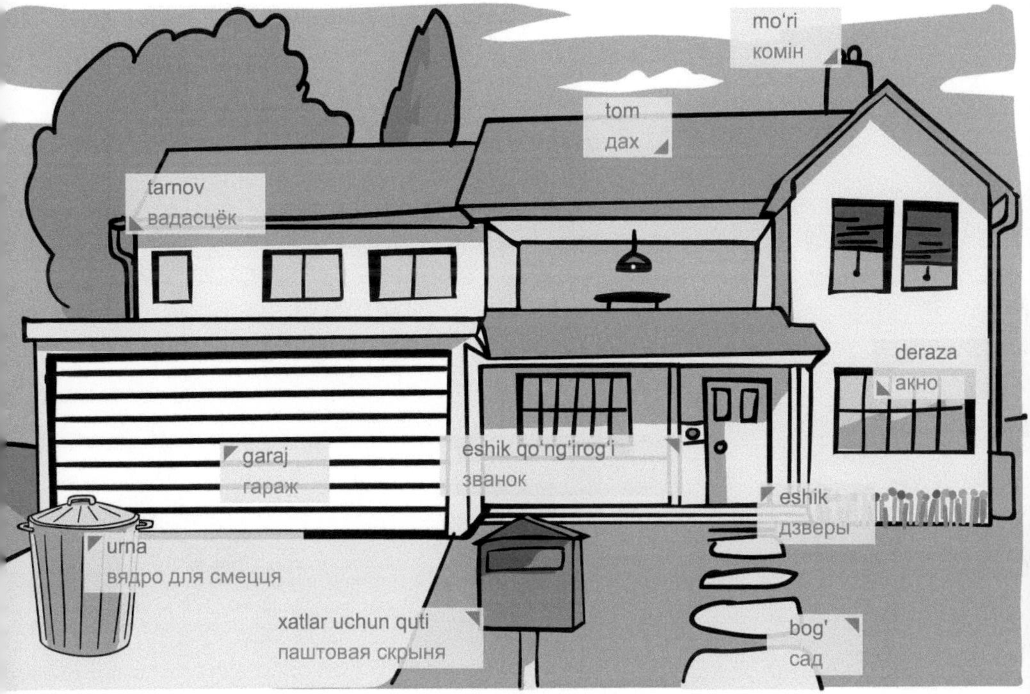

uy
дом

mo'ri
комін

tom
дах

tarnov
вадасцёк

deraza
акно

garaj
гараж

eshik qo'ng'irog'i
званок

eshik
дзверы

urna
вядро для смецця

xatlar uchun quti
паштовая скрыня

bog'
сад

mehmonxona
жылы пакой

vannaxona
ванная

oshxona
кухня

yotoqxona
спальны пакой

bolalar xonasi
дзіцячы пакой

oshxona
сталоўка

uy - дом

31

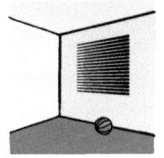

pol

падлога

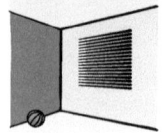

devor

сцяна

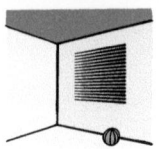

ship

столь

podval

падвал

sauna

саўна

balkon

балкон

ayvon

тэраса

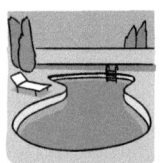

basseyn

басейн

oʻt oʻrgich mashina

касілка

koʻrpajild

падкоўдранік

choyshab

коўдра

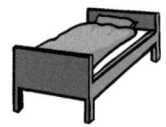

krovat

ложак

supurgi

венік

paqir

вядро

murvat

выключальнік

mehmonxona
жылы пакой

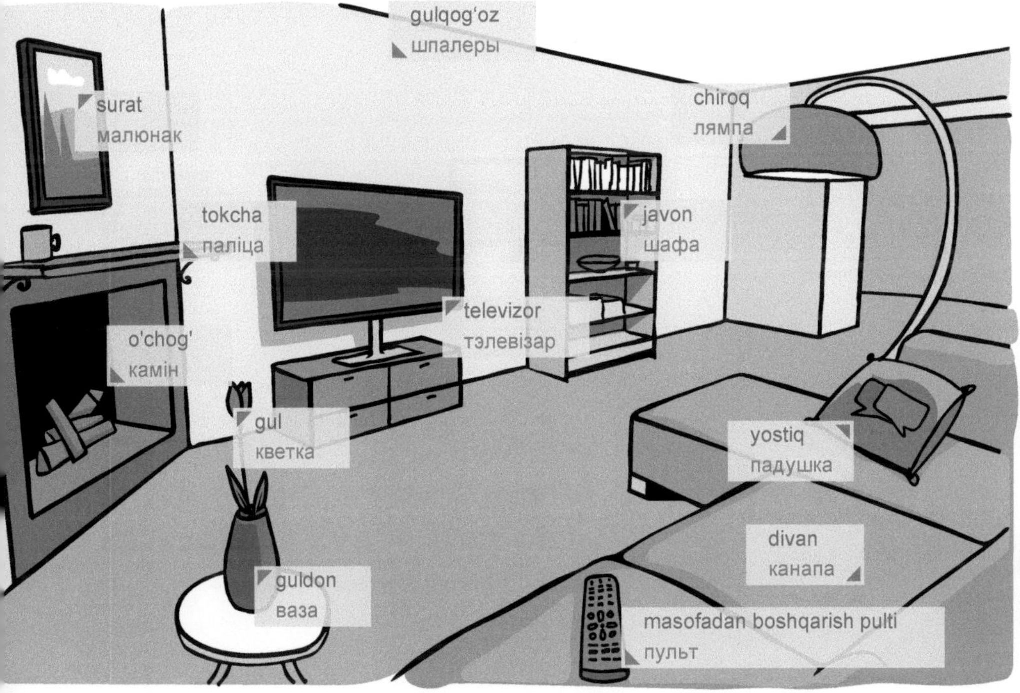

- surat — малюнак
- gulqogʻoz — шпалеры
- chiroq — лямпа
- tokcha — паліца
- javon — шафа
- oʻchogʻ — камін
- televizor — тэлевізар
- gul — кветка
- yostiq — падушка
- guldon — ваза
- divan — канапа
- masofadan boshqarish pulti — пульт

gilam
дыван

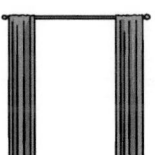

parda
фіранка

stol
стол

stul
крэсла

tebranma kursi
крэсла-качалка

kreslo
крэсла

mehmonxona - жылы пакой

kitob
кніга

ko'rpa
коўдра

hasham
дэкарацыя

o'tin
дровы

kino
кіно

stereo qurilma
стэрэасістэма

kalit
ключ

gazeta
газета

rasm
карціна

plakat
постар

radio
радыё

yon daftar
нататнік

chang yutgich
пыласос

kaktus
кактус

sham
свечка

34　　　　　mehmonxona - жылы пакой

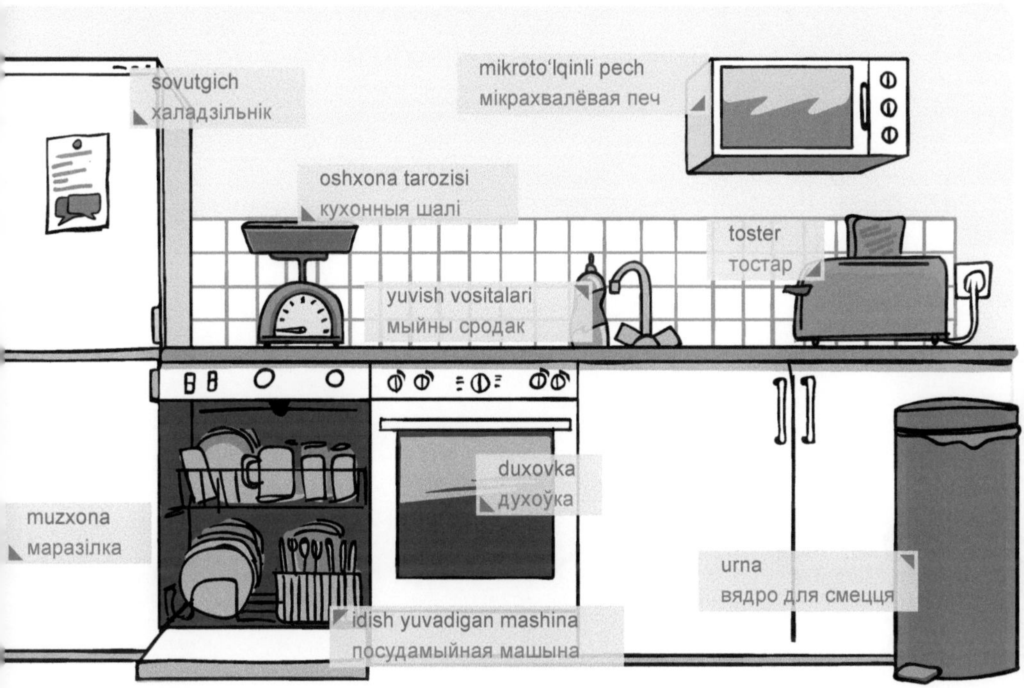

oshxona
кухня

sovutgich / халадзільнік

mikroto'lqinli pech / мікрахвалёвая печ

oshxona tarozisi / кухонныя шалі

toster / тостар

yuvish vositalari / мыйны сродак

duxovka / духоўка

muzxona / маразілка

urna / вядро для смецця

idish yuvadigan mashina / посудамыйная машына

plita
пліта

kastryul
рондаль

cho'yan qozon
чыгунок

bo'rtma tubli tova
Вок / кадаі

tova
патэльня

chovgun
чайнік

oshxona - кухня

mantiqasqon

параварка

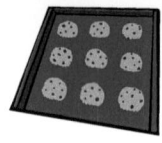

tunuka tova

бляха

chinni idish

посуд

krushka

кубак

kosa

міска

taom yeyish tayoqchalari

палачкі для ежы

cho'mich

чарпак

kurakcha

лапатачка

ko'pirtirgich

збівалка

chovli

сіта для варэння

elak

сіта

qirg'ich

тарка

hovoncha

ступка

gril

грыль

olov

вогнішча

oshxona - кухня

oshtaxta

дошка

juva

качалка

parmasimon tiqin ochgich

штопар

konserva

бляшанка

konserva ochgich

адкрывалка

tutgich

прыхваткі

unitaz

ракавіна

idish cho'tka

шчотка

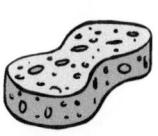

qozonsochiq

губка

qorishtirgich

міксер

muzlatgich

маразільная камера

so'rg'ichli chaqaloq butilkasi

бутэлечка

kran

вадаправодны кран

oshxona - кухня

vannaxona
ванная

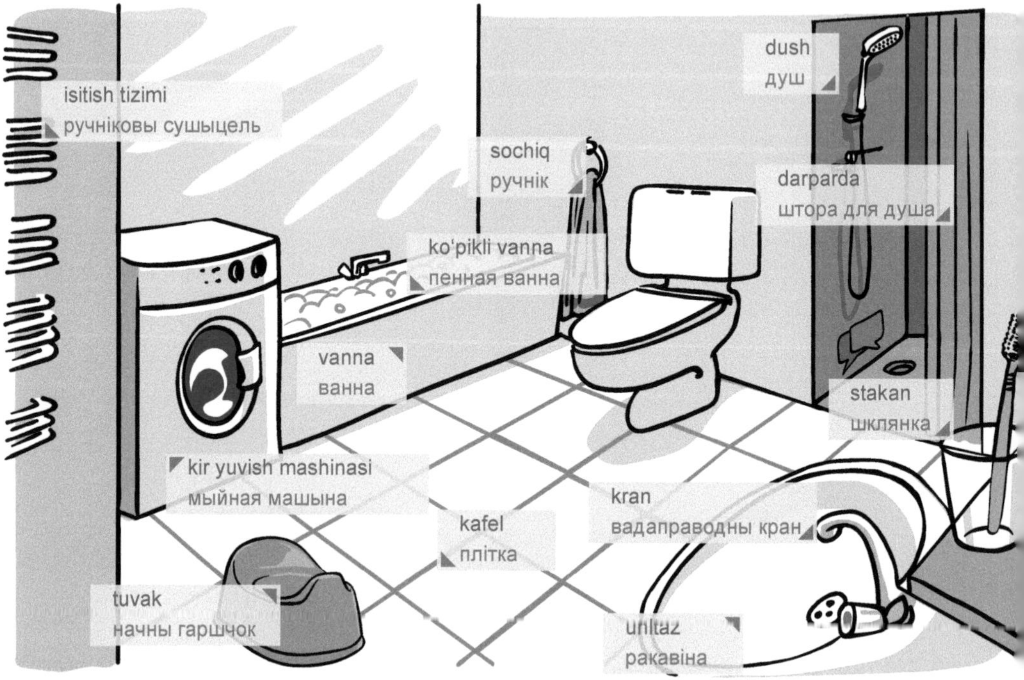

- isitish tizimi / ручніковы сушыцель
- dush / душ
- sochiq / ручнік
- darparda / штора для душа
- ko'pikli vanna / пенная ванна
- vanna / ванна
- stakan / шклянка
- kir yuvish mashinasi / мыйная машына
- kafel / плітка
- kran / вадаправодны кран
- tuvak / начны гаршчок
- unitaz / ракавіна

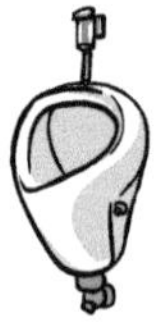

hojatxona	polga o'rnatiladigan unitaz	tahoratdon
туалет	падлогавы ўнітаз	бідэ
siydik unitazi	hojatxona qog'ozi	hojatxona cho'tkasi
пісуар	туалетная папера	шчотка для чысткі ўнітаза

tish choʻtka

зубная шчотка

tish pastasi

зубная паста

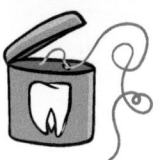

tish tozalagich ip

зубная нітка

yuvmoq

мыць

dastakli dush

ручны душ

tahorat uchun dush

інтымны душ

togʻora

умывальнік

yelka qashlaydigan choʻtka

шчотка для спіны

sovun

мыла

dush uchun gel

гель для душа

shampun

шампунь

mochalka

вяхотка

quvur

вадасцёк

krem

крэм

dezodorant

дэзадарант

vannaxona - ванная

ku'zgu
люстэрка

qo'l ku'zgusi
касметычнае люстэрка

ustara
станок для галення

ustara uchun ko'pik
пена для галення

salqinlantiruvchi balzam
ласьён пасля галення

taroq
грэбень

cho'tka
шчотка

fen
фен

soch uchun lak
лак для валасоў

pardoz-andoz
касметыка

lab uchun pomada
памада

tirnoq laki
лак для пазногцяў

paxta
вата

tirnoq qaychisi
манікюрныя нажніцы

atir
духі

vannaxona - ванная

pardoz-andoz xaltasi | kursi | tarozi
касметычка | табурэтка | вагі

cho'milish xalati | rezina qo'lqop | tampon
лазневы халат | санітарныя пальчаткі | тампон

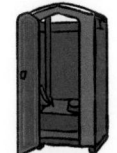

gigiyenik taglik | biohojatxona
гігіенічныя пракладкі | біятуалет

vannaxona - ванная

bolalar xonasi
дзіцячы пакой

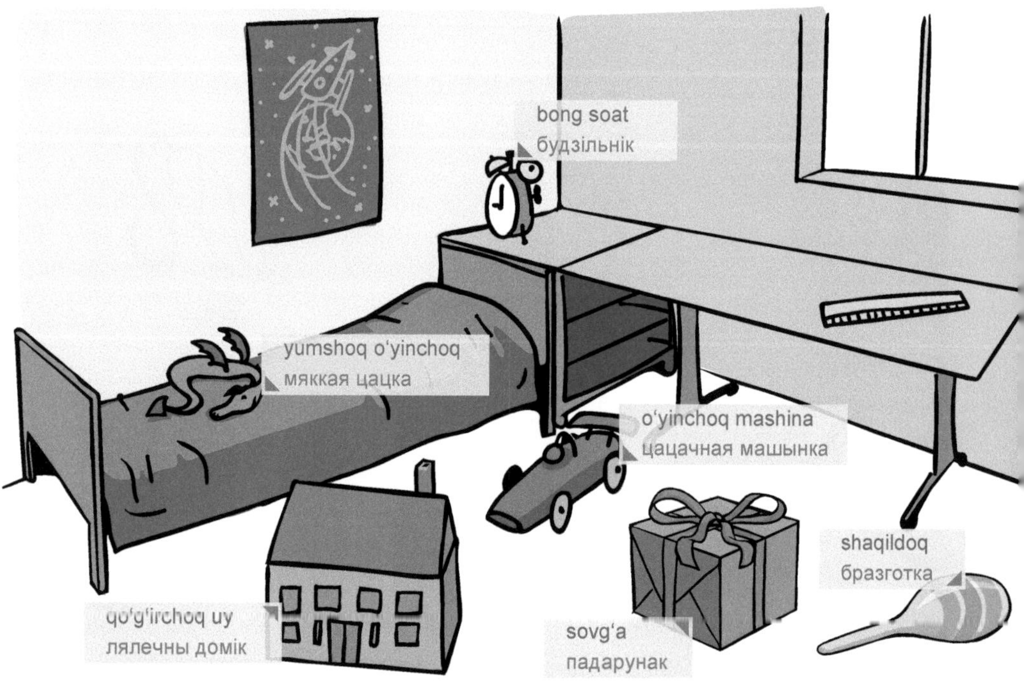

bong soat
будзільнік

yumshoq o'yinchoq
мяккая цацка

o'yinchoq mashina
цацачная машынка

qo'g'irchoq uy
лялечны домік

sovg'a
падарунак

shaqildoq
бразготка

shar
надзіманы шарык

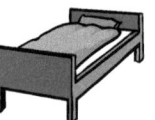

krovat
ложак

bolalar aravachasi
дзіцячая каляска

karta to'plami
калода картаў

terma tasvir
пазл

kulgili sahna asari
комікс

lego gʻishtlari

канструктар "Лега"

oʻyinchoq kubiklar

канструктар

oʻyinchoq qahramon

экшэн-фігурка

polzunka

дзіцячы гарнітур

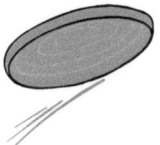

uchar likopcha

фрызбі

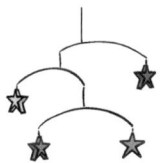

osma shaqildoq

дзіцячы мабіль

stol oʻyini

настольная гульня

oshiq

кубік

poyezd maketi

дзіцячая чыгунка

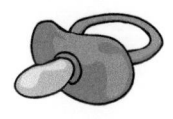

soʻrgʻich

пустышка

oʻtirish

дзіцячае свята

rasmli kitob

кніга з малюнкамі

koptok

мячык

qoʻgʻirchoq

лялька

oʻynamoq

гуляцца

qumdon
пясочніца

arg'imchoq
арэлі

o'yinchoqlar
цацкі

o'yin pristavkasi
гульнявая відэа прыстаўка

uch g'ildirakli velosiped
трохколавы ровар

baxmal ayiq
плюшавы мішка

kiyim shkafi
шафа

kiyim
адзенне

paypoq
шкарпэткі

chulki
панчохі

kolgotka
калготкі

kiyim - адзенне

bodi
бодзі

ishton
штаны

jinsi
джынсы

yubka
спадніца

kofta
блузка

ko'ylak
кашуля

jemper
джэмпер

uzun chakmon
талстоўка

sport bichimidagi pidjak
блэйзер

kurtka
куртка

palto
паліто

plash
дажджавік

libos
касцюм

ko'ylak
сукенка

kelin ko'ylak
вясельная сукенка

kiyim - адзенне

kostyum shim

касцюм

tungi ko'ylak

начная сарочка

pijama

піжама

sari

сары

sholro'mol

хустка

salla

цюрбан

paranji

паранджа

chakmon

каптан

abaya

Абая

cho'milish kostyumi

купальнік

tursik

плаўкі

shortik

шорты

sport kostyumi

спартыўны касцюм

fartuk

фартух

qo'lqop

пальчаткі

kiyim - адзенне

tugma
гузік

ko'zoynak
акуляры

bilaguzuk
бранзалет

munchoq
каралі

uzuk
кальцо

sirg'a
завушніца

kepka
кепка

palto ilgak
вешалка

shlyapa
капялюш

bo'yinbog'
гальштук

zamok
маланка

dubulg'a
шлем

shim tortgich
падцяжкі

maktab formasi
школьная форма

forma
уніформа

kiyim - адзенне

oshxo'rak
нагруднік

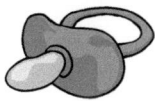

so'rg'ich
пустышка

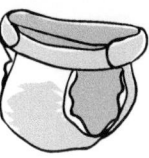
taglik
падгузнік

idora
офіс

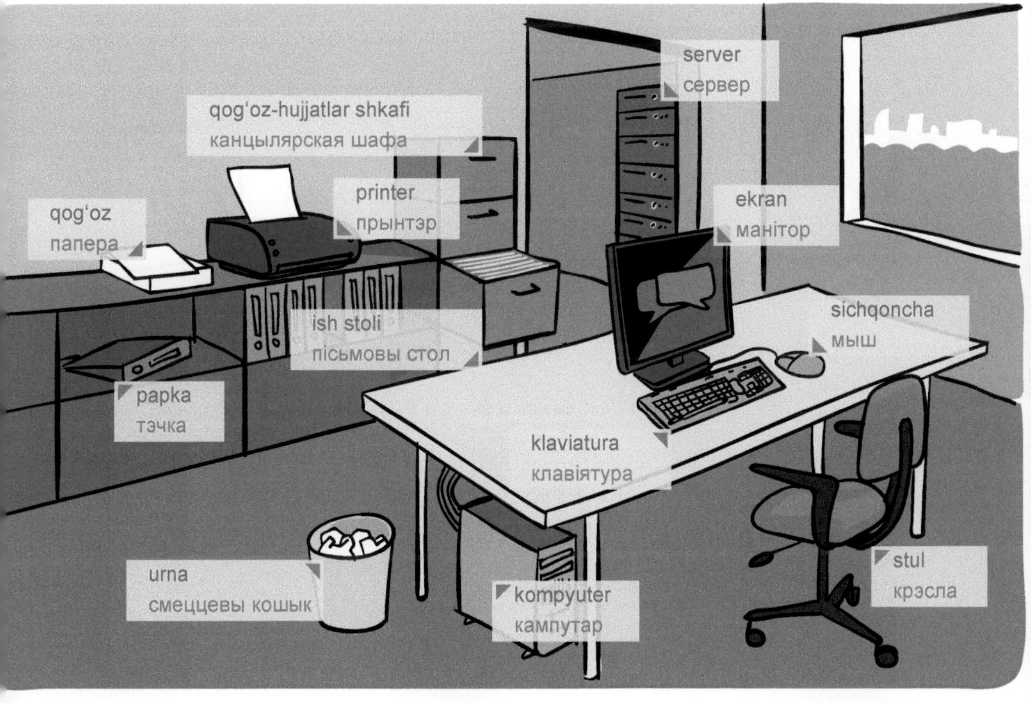

- qog'oz-hujjatlar shkafi — канцылярская шафа
- printer — прынтэр
- qog'oz — папера
- server — сервер
- ekran — манітор
- ish stoli — пісьмовы стол
- sichqoncha — мыш
- papka — тэчка
- klaviatura — клавіятура
- urna — смеццевы кошык
- kompyuter — кампутар
- stul — крэсла

kofe krujkasi
кубак для кавы (філіжанка)

kalkulyator
калькулятар

internet
інтэрнэт

noutbuk
ноўтбук

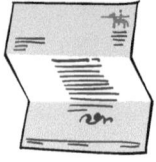
xat
ліст

maktub
паведамленне

uyali telefon
мабільны тэлефон

tarmoq
сетка

nusxa koʻchirgich
ксеракс

dastur
праграмнае забеспячэнне

telefon
тэлефон

rozetka
разетка

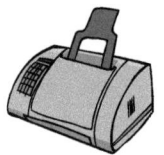
faks
факс

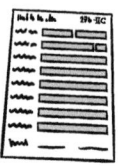
shakllar
фармуляр

hujjat
дакумент

iqtisod
эканоміка

xarid qilmoq

купляць

to'lamoq

плаціць

savdolashmoq

гандляваць

pul

грошы

dollar

долар

yevro

еўра

yyen

ена

rubl

рубель

shvetsar franki

франк

Jenminbi xitoy yuani

кітайскі юань

rupi

рупія

bankomat

банкамат

pul ayirboshlash shahobchasi

абменны пункт

oltin

золата

kumush

срэбра

neft

нафта

energiya

энергія

narx

цана

shartnoma

кантракт

soliq

падатак

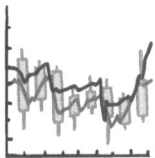

aktsiya

акцыя

ishlamoq

працаваць

ishchi

служачы

ish beruvchi

працадаўца

zavod

фабрыка

do'kon

крама

iqtisod - эканоміка

kasblar
прафесіі

politsiyachi — паліцыянт
o't o'chiruvchi — пажарны
oshpaz — кухар
shifokor — доктар
uchuvchi — пілот

bog'bon
садоўнік

duradgor
слесар

tikuvchi
швачка

hakam
суддзя

kimyogar
хімік

aktyor
артыст

avtobus haydovchi
кіроўца аўтобуса

taksi haydovchisi
таксіст

baliq ovlovchi
рыбак

farrosh
прыбіральшчыца

tom ustasi
страхар

ofitsiant
афіцыянт

ovchi
паляўнічы

boʻyoqchi
мастак

nonvoyxona
пекар

elektr ustasi
электрык

quruvchi
будаўнік

muhandis
інжынер

qassob
мяснік

suvchi chilangar
сантэхнік

pochtachi
паштальён

askar
салдат

me'mor
архітэктар

kassachi
касір

gulchi
фларыст

sartarosh
цырульнік

chiptachi
кандуктар

mexanik
механік

kapitan
капітан

tish shifokori
стаматолаг

olim
вучоны

yaxudiylar ruhoniysi
рабін

imom
імам

rohib
манах

ruhiniy
святар

kasblar - прафесіі

asboblar
інструменты

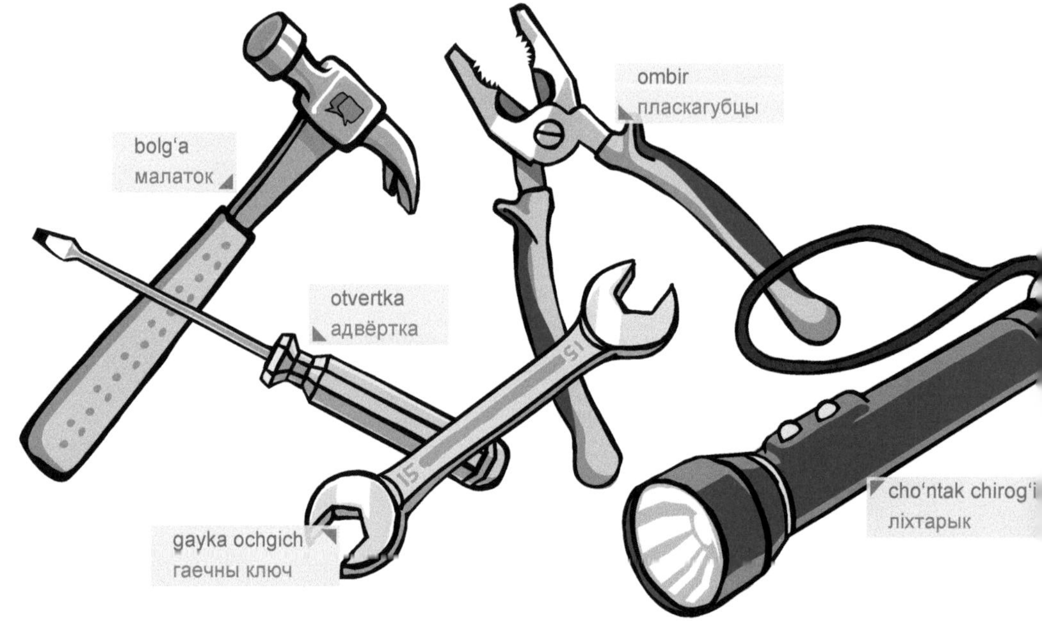

bolg'a
малаток

ombir
пласкагубцы

otvertka
адвёртка

gayka ochgich
гаечны ключ

cho'ntak chirog'i
ліхтарык

ekskavator
экскаватар

asboblar qutisi
скрыня для інструментаў

narvon
дравіны

qo'larra
піла

mix
цвікі

parmadasta
дрыль

tuzatmoq
рамантаваць

belkurak
рыдлеўка

Jin ursin!
Халера!

xokandoz
шуфлік для смецця

bo'yoq idish
вядро з фарбаю

burama mix
балты

musiqa asboblari
музычныя інструменты

urib chalinadigan musiqa asboblari
ударны інструмент

radiokarnay
калонкі

gitara
гітара

kontrabas
кантрабас

surnay
труба

musiqa asboblari - музычныя інструменты

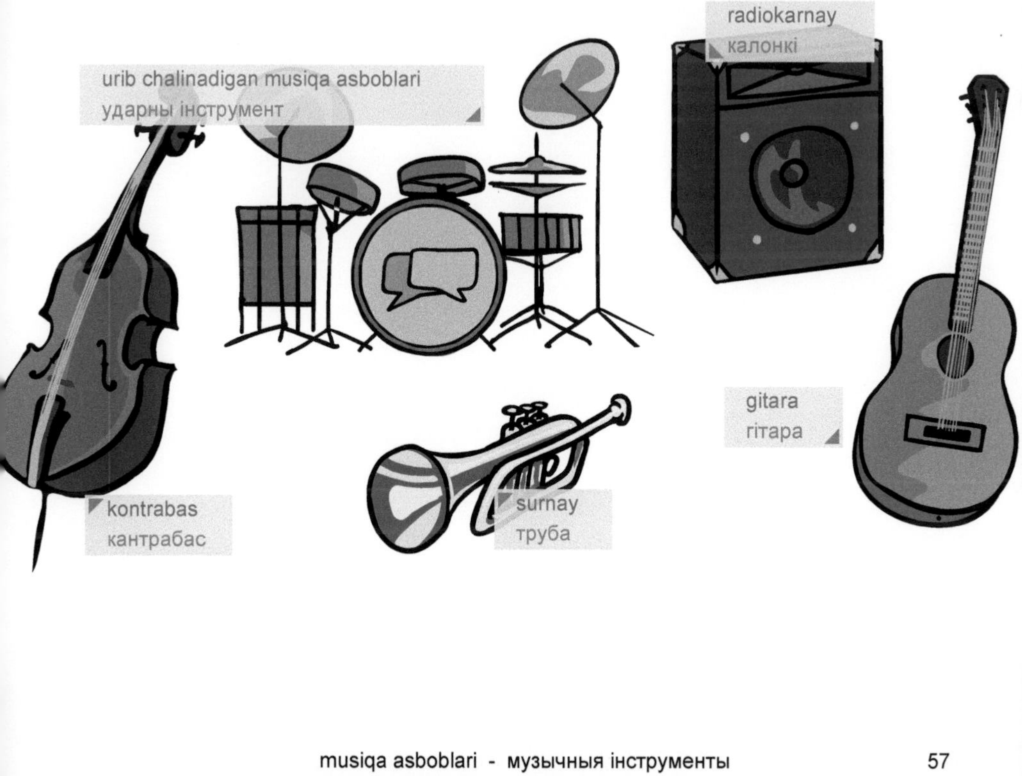

pianino — піяніна

g'ijjak — скрыпка

bas-gitara — басгітара

qo'shnog'ora — літаўры

do'mbira — барабан

klaviatura — клавішны электрамузычны інструмент

saksofon — саксафон

nay — флейта

mikrofon — мікрафон

musiqa asboblari - музычныя інструменты

hayvonot bogʻi
заапарк

- arslon / тыгр
- kirish / уваход
- qafas / клетка
- zebra / зебра
- yem / корм для жывёл
- panda / панда

hayvonlar
жывёлы

fil
слон

kenguru
кенгуру

karkidon
насарог

gorilla
гарыла

ayiq
мядзведзь

tuya

вярблюд

tuyaqush

стравус

sher

леў

maymun

малпа

qizil g'oz

фламінга

to'ti

папугай

oq ayiq

белы мядзведзь

pingvin

пінгвін

akula

акула

tovus

паўлін

ilon

змяя

timsoh

кракадзіл

hayvonot bog'i qorovuli

наглядчык заапарка

tyulen

цюлень

yaguar

ягуар

hayvonot bog'i - заапарк

to'pichoq ot
поні

qoplon
леапард

begemot
бегемот

jirafa
жыраф

burgut
арол

erkak cho'chqa
дзік

baliq
рыбак

toshbaqa
чарапаха

morj
морж

tulki
ліса

ohu
газель

hayvonot bog'i - заапарк

sport o'yinlari
спорт

mashg'ulot
дзейнасць

sakramoq — скакаць
kulmoq — смяяцца
quchmoq — абдымаць
yurmoq — ісці
kuylamoq — спяваць
ibodat qilmoq — маліцца
o'pmoq — цалаваць
hayol qilmoq — марыць

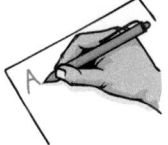
yozmoq — пісаць

chizmoq — маляваць

ko'rsatmoq — паказваць

itarmoq — націснуць

bermoq — даваць

olmoq — браць

ega bo'lmoq
маць

bajarmoq
выконваць

bo'lmoq
быць

turmoq
стаяць

yugurmoq
бегчы

tortmoq
цягнуць

uloqtirmoq
кідаць

yiqilmoq
падаць

aldamoq
ляжаць

kutmoq
чакаць

tashimoq
насіць

o'tirmoq
сядзець

kiyinmoq
апранацца

uxlamoq
спаць

uyg'onmoq
прачынацца

qaramoq
глядзець

yig'lamoq
плакаць

zarba bermoq
лашчыць

taramoq
прычэсвацца

gaplashmoq
гаварыць

tushunmoq
разумець

so'ramoq
пытаць

tinglamoq
чуць

ichmoq
піць

yemoq
есці

yig'ishtirmoq
прыбіраць

sevmoq
кахаць

pishirmoq
гатаваць

haydamoq
ехаць

uchmoq
лятаць

mashg'ulot - дзейнасць

kemada suzmoq
плаваць пад ветразем

sanamoq
лічыць

o'qimoq
чытаць

o'rganmoq
вучыць

ishlamoq
працаваць

turmush qurmoq
уступаць у шлюб

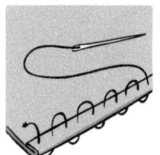
tikmoq
шыць

tish yuvmoq
чысціць зубы

o'ldirmoq
забіваць

chekmoq
курыць

yo'llamoq
пасылаць

mashg'ulot - дзейнасць

oila
сям'я

buvi / бабуля
buva / дзядуля
ota / бацька
ona / маці
chaqaloq / дзіця
qiz / дачка
o'g'il / сын

mehmon
госць

amma
цётка

tog'a
дзядзька

aka
брат

opa
сястра

tana
цела

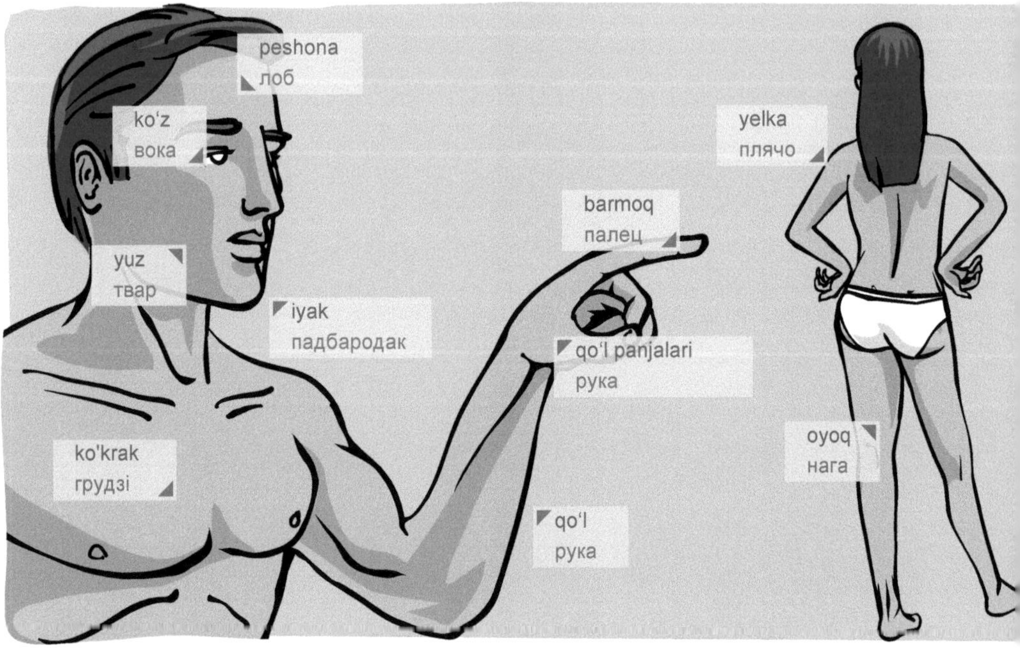

peshona
лоб

ko'z
вока

yuz
твар

iyak
падбародак

ko'krak
грудзі

barmoq
палец

qo'l panjalari
рука

qo'l
рука

yelka
плячо

oyoq
нага

chaqaloq
дзіця

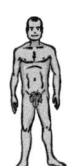

odam
мужчына

ayol
жанчына

qiz bola
дзяўчынка

o'g'il bola
хлопчык

bosh
галава

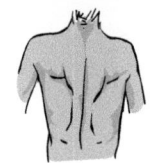

orqa

спіна

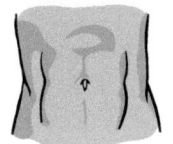

qorin

жывот

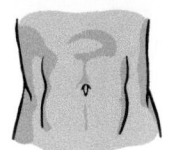

kindik

пуп

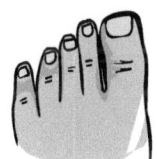

oyoq barmoqlari

палец нагі

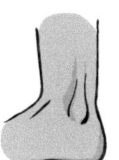

tovon

пятка

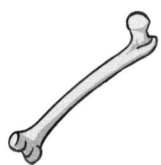

suyak

костка

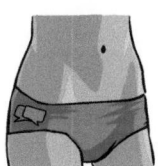

bel

бядро

tizza

калена

tirsak

локаць

burun

нос

dumba

ягадзіца

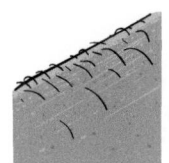

teri

скура

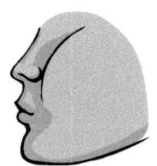

yanoq

шчака

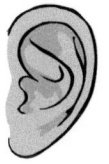

quloq

вуха

lab

губа

tana - цела

og'iz
рот

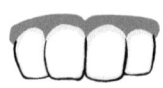

tish
зуб

til
язык

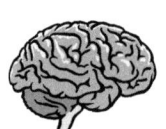

miya
галаўны мозг

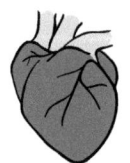

yurak
сэрца

mushak
мышца

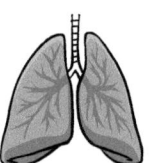

o'pka
лёгкае

jigar
пячонка

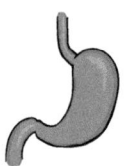

oshqozon
страўнік

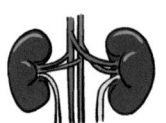

buyrak
ныркі

jinsiy aloqa
сэкс

prezervativ
прэзерватыў

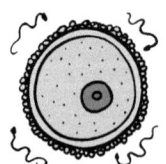

tuxum ho'jayra
яйцаклетка

urug'
сперма

homiladorlik
цяжарнасць

tana - цела

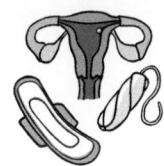
hayz
менструацыя

bachadon
похва

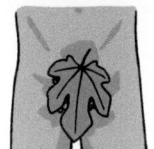
olat
пеніс

qosh
брыво

soch
валасы

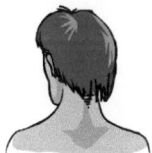
bo'yin
шыя

tana - цела

shifoxona
шпіталь

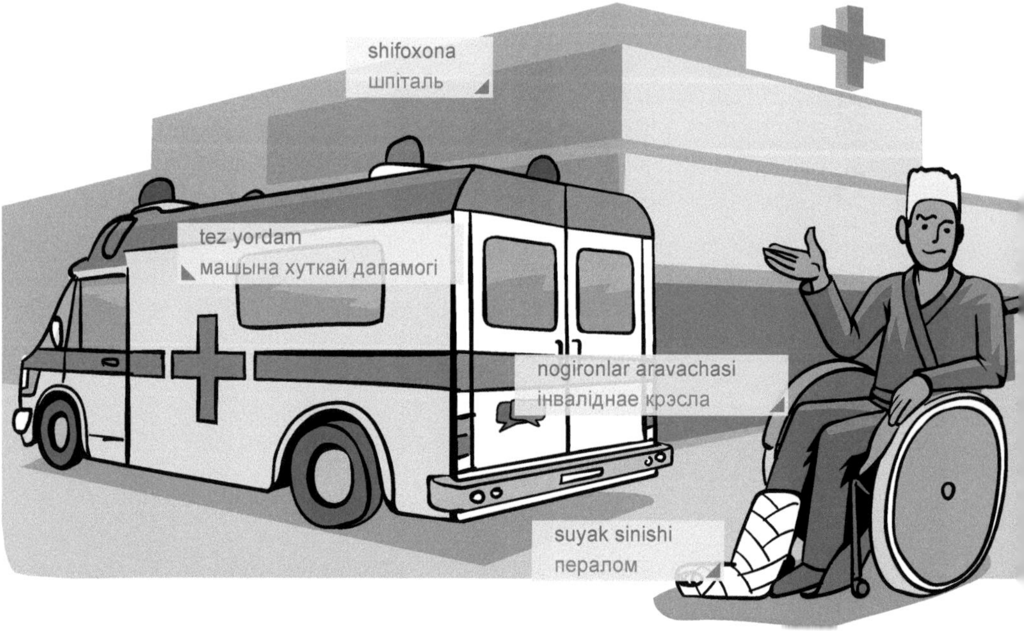

shifoxona
шпіталь

tez yordam
машына хуткай дапамогі

nogironlar aravachasi
інвалідднае крэсла

suyak sinishi
пералом

shifokor

доктар

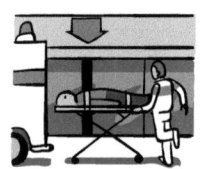

Shoshilich tibbiy yordam ko'rsatish bo'limi

аддзяленне першай дапамогі

hamshira

медсястра

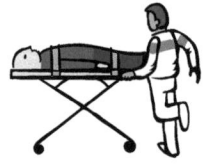

tez yordam

экстраная дапамога

hushsizlik

непрытомны

og'riq

боль

jarohat
траўма

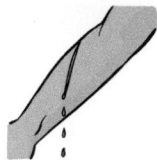
qonash
крывацёк

yurak xuruji
інфаркт

insulьt
апаплексія

allergiya
алергія

yo'tal
кашаль

isitma
гарачка

tumov
грып

ichburug'
панос

bosh og'rig'i
галаўны боль

saraton kasalligi
рак

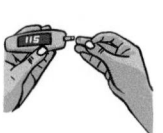
qandli diabet
дыябет

jarroh
хірург

jarroh pichog'i
скальпель

jarrohlik amaliyoti
аперацыя

shifoxona - шпіталь

tomografiya
КТ

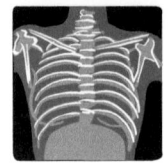

rentgen
рэнтген

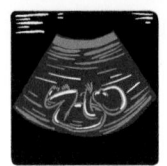

ultratovush tekshiruvi
ультрагук

yuz niqobi
маска

kasallik
хвароба

qabulxona
пачакальня

qo'ltiqtayoq
мыліца

malhamli plastir
пластыр

bint
бінт

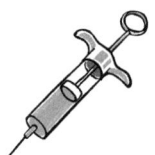

ukol
ін'екцыя

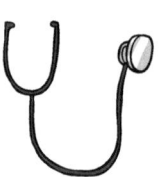

yurak urushini va o'pkani
eshitib ko'radigan asbob
стэтаскоп

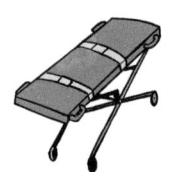

bemorlar uchun zambil
насілкі

termometr
градуснік

tug'ruq
нараджэнне

semizlik
лішняя вага

shifoxona - шпіталь

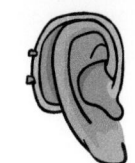

eshitish moslamasi

слухавы апарат

dezinfektsiyalovchi vosita

дэзінфекцыйны сродак

infektsiya

інфекцыя

virus

вірус

OIV / OITS

ВІЧ/СНІД

dori

лекі

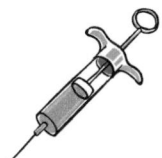

emlash

прышчэпка

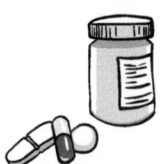

tabletka

таблеткі

dori

супрацьзачаткавая таблетка

tez yordam qo'ng'irog'i

экстраны выклік

qon bosimini o'lchash asbobi

танометр

kasal / sog'lom

хворы / здаровы

shifoxona - шпіталь

tez yordam
экстраная дапамога

Yordamga!
Ратуйце!

xavf-xatar ishorasi
сігналізацыя

tajovuz
напад

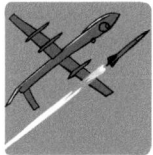

hujum
атака

xavf
небяспека

favqulodda holatlarda chiqish eshigi
аварыйны выхад

Yong'in
Пажар!

o't o'chirgich
вогнетушыцель

falokat
аварыя

birinchi tibbiy yordam to'plami
аптэчка

falokat signali
СОС

politsiya
паліцыя

yer
Зямля

Yevropa

Еўропа

Shimoliy Amerika

Паўночная Амерыка

Janubiy Amerika

Паўднёвая Амерыка

Afrika

Афрыка

Osiyo

Азія

Avstraliya

Аўстралія

Anlantika okeani

Атлантычны акіян

Tinch okeani

Ціхі акіян

Hind okeani

Індыйскі акіян

Antarktida okeani

Паўднёвы ледавіты акіян

Arktika okeani

Паўночны ледавіты акіян

Shimoliy qutb

Паўночны полюс

Janubiy qutb — Паўднёвы полюс

Antarktika — Антарктыда

yer — Зямля

  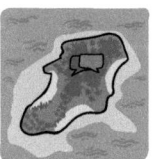

oʻlka — краіна

dengiz — мора

orol — востраў

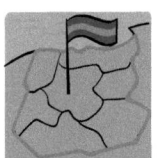 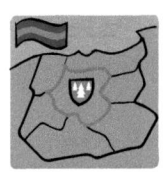

millat — нацыя

davlat — дзяржава

soat
гадзіннік

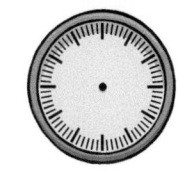
astronomik vaqt ko'rsatgichi
цыферблат

soat mili
гадзінная стрэлка

daqiqa mili
хвілінная стрэлка

lahza mili
секундная стрэлка

Soat necha?
Колькі часу?

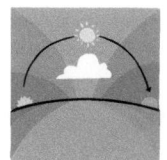
kun
дзень

vaqt
час

hozir
зараз

raqamli soat
электронны гадзіннік

daqiqa
хвіліна

soat
гадзіна

xafta
тыдзень

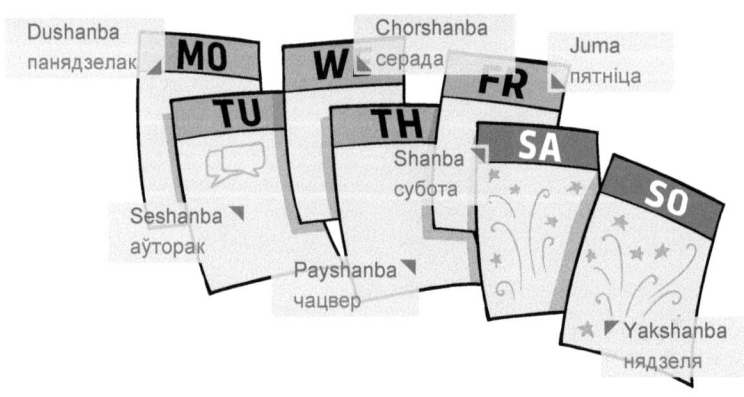

Dushanba — панядзелак
Chorshanba — серада
Juma — пятніца
Seshanba — аўторак
Payshanba — чацвер
Shanba — субота
Yakshanba — нядзеля

kecha
ўчора

bugun
сёння

ertaga
заўтра

ertalab
раніца

peshin
абед

kechqurun
вечар

ish kunlari
працоўныя дні

dam olish kunlari
выхадныя

yil
год

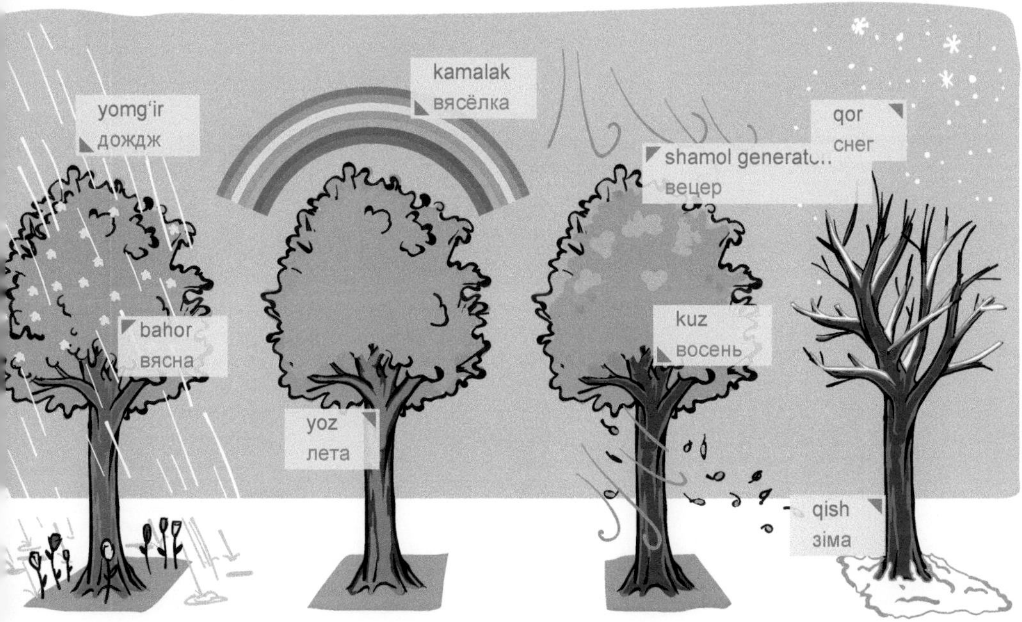

yomg‘ir
дождж
kamalak
вясёлка
shamol generat
вецер
qor
снег
bahor
вясна
yoz
лета
kuz
восень
qish
зіма

4.APRIL 11°
5.APRIL 4°
6.APRIL 13°
7.APRIL 8°
8.APRIL 10°

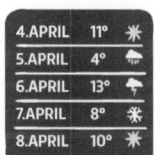

ob-havo ma’lumoti

прагноз надвор'я

F C
120 90 60 30 0 -30
40 30 20 10 0 -10 -20

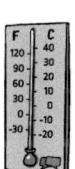

termometr

градуснік

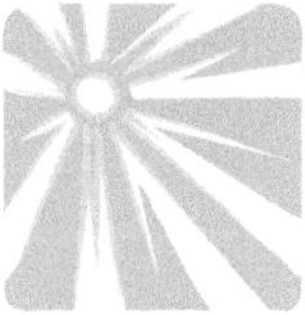

quyoshli

сонечнае святло

bulut

воблака

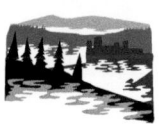

tuman

туман

namgarchilik

вільготнасць паветра

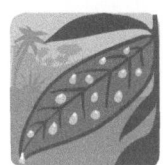

chaqmoq

маланка

momoqaldiroq

гром

bo'ron

бура

do'l

град

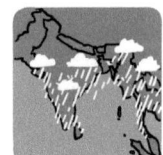

namgarchilik mavsumi

мусонны вецер

toshqin

прыліў

muz

лёд

Yanvar

студзень

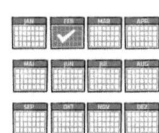

Fevral

люты

Mart

сакавік

Aprel

красавік

May

май

Iyun

чэрвень

Iyul

ліпень

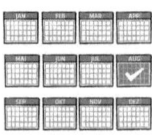

Avgust

жнівень

yil - год

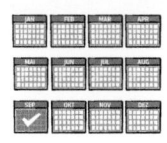

Sentyabr

верасень

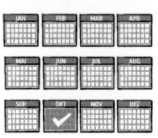

Oktyabr

кастрычнік

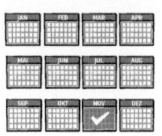

Noyabr

лістапад

Dekabr

снежань

shakllar
формы

aylana

круг

kvadrat

квадрат

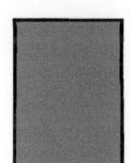

to'rtburchak

прамавугольнік

uchburchak

трохвугольнік

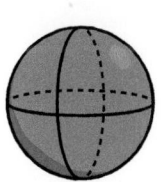

doira

шар

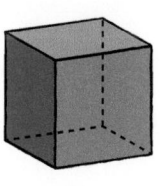

kub

куб

ranglar
колеры

oq
белы

sariq
жоўты

sabzi rang
аранжавы

pushti
ружовы

qizil
чырвоны

to'q qizil
фіялетавы

ko'k
сіні

yashil
зялёны

jigar rang
карычневы

kul rang
шэры

qora
чорны

qarama-qarshi ma'noli so'zlar
супрацьлегласці

ko'p / oz
шмат / мала

g'azabli / xotirjam
злы / добры

go'zal / xunuk
прыгожы / брыдкі

boshi / oxiri
пачатак / канец

katta / kichik
высокі / малы

yorug' / qorong'u
светлы / цёмны

aka / singil
сястра / брат

toza / iflos
чысты / брудны

to'liq / chala
поўны / няпоўны

kun / tun
дзень / ноч

o'lik / tirik
мёртвы / жывы

keng / tor
шырокі / вузкі

yesa bo'ladigan / yesa bo'lmaydigan

ядомы / неядомы

yovuz / xayrli

злы / добры

hayajonli / zerikarli

узбуджаны / нудны

semik / oriq

тоўсты / тонкі

birinchi / oxirgi

першы / апошні

do'st / dushman

сябар / вораг

to'la / bo'sh

поўны / пусты

qattiq / yumshoq

цвёрды / мяккі

og'ir / yengil

важкі / лёгкі

ochlik / chanqov

голад / смага

kasal / sog'lom

хворы / здаровы

noqonuniy / qonuniy

нелегальны / легальны

ziyoli / kaltafahm

разумны / дурны

chap / o'ng

левы / правы

yaqin / uzoq

побач / далёка

qarama-qarshi ma'noli so'zlar - супрацьлегласці

yangi / ishlatilgan
новы / былы ва ўжыванні

hech narsa / bir narsa
нічога / нешта

qari / yosh
стары / малады

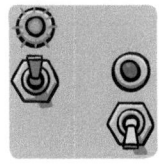
yoniq / o'chiq
укл / выкл

ochiq / yopiq
адчынены / зачынены

past / baland
ціхі / гучны

boy / kambag'al
багаты / бедны

to'g'ri / noto'g'ri
правільна / няправільна

notekis / tekis
шурпаты / гладкі

xafa / xursand
сумны / шчаслівы

qisqa / uzun
кароткі / доўгі

sekin / tez
павольны / хуткі

nam / quruq
вільготны / сухі

iliq / salqin
цёплы / халаднаваты

urush / tinchlik
вайна / мір

qarama-qarshi ma'noli so'zlar - супрацьлегласці

raqamlar
лічбы

0 nol — нуль

1 bir — адзін

2 ikki — два

3 uch — тры

4 toʻrt — чатыры

5 besh — пяць

6 olti — шэсць

7 yetti — сем

8 sakkiz — восем

9 toʻqqiz — дзевяць

10 oʻn — дзесяць

11 oʻn bir — адзінаццаць

12
o'n ikki
дванаццаць

13
o'n uch
трынаццаць

14
o'n to'rt
чатырнаццаць

15
o'n besh
пятнаццаць

16
o'n olti
шаснаццаць

17
o'n yetti
сямнаццаць

18
o'n sakkiz
васямнаццаць

19
o'n to'qqiz
дзевятнаццаць

20
yigirma
дваццаць

100
yuz
сто

1.000
ming
тысяча

1.000.000
million
мільён

raqamlar - лічбы

tillar
мовы

Ingliz

англійская

Amerikacha ingliz tili

англійская (Амерыка)

Xitoy tilining Mandarin lahchasi

кітайская мандарынская

Hind

хіндзі

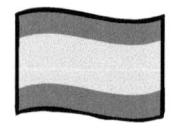

Ispan

іспанская

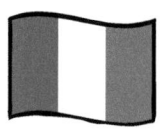

Frantsuz

французская

Arab

арабская

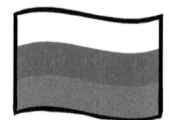

Rus

руская

Portugal

партугальская

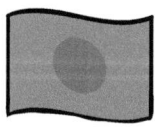

Bengal

бенгальская

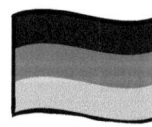

Nemis

нямецкая

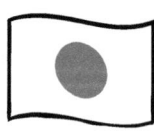

Yapon

японская

kim / nima / qanday
хто / што / як

Men

я

Sen

ты

u / u / u

ён / яна / яно

biz

мы

sizlar

вы

ular

яны

kim?

хто?

nima?

што?

qanday?

як?

qayerda?

дзе?

qachon?

калі?

ism

імя

qayerda
дзе

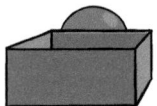

orqada

за

ichida

у

oldida

перад

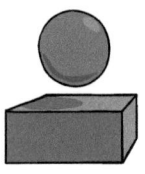

uzra

над

ustida

на

tagida

пад

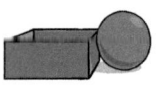

yonida

каля

o'rtasida

паміж

joy

месца